KLEINE RÄUME

schön & abwechslungsreich eingerichtet

KLEINE RÄUME

schön & abwechslungsreich eingerichtet

INHALT

WOHNEN UND SCHLAFEN

- 6 *Zwei Räume – zwei Ebenen*
- 8 *Transparente Trennung*
- 10 *Der Raumteiler wird zum Kunstwerk*
- 11 *Ein Raum – fünf Funktionsbereiche*
- 12 *Viel Stauraum im Schlafzimmer*
- 16 *Trennwand als Kleiderschrank*
- 18 *Zweckmäßig – und doch gemütlich*
- 22 *Eingerahmt von Einbauschränken*

KINDER- UND JUGENDZIMMER

- 26 *Hochbetten schaffen Platz zum Spielen*
- 28 *Tolle Bude unterm Dach*
- 32 *Beweglichkeit ist Trumpf*

KÜCHEN UND BÄDER

- 34 *Kochen auf engstem Raum*
- 36 *Trennwand zwischen Küche und Essplatz*
- 38 *Essplätze in der Küche*
- 40 *Arbeitsplatz für Miniküchen*
- 46 *Luxusbad auf kleiner Fläche*
- 50 *Eleganz bis ins Detail*
- 53 *Platz für eine Dusche schaffen*

FLURE UND GARDEROBEN

- 54 *Kompakt möblieren und Platz sparen*
- 56 *Nische mit Falttüren*
- 58 *Regal- und Schrank-Ideen für die Diele*
- 59 *Jeder Zentimeter wird genutzt*
- 60 *Viel Platz für alle Ihre Schuhe*

APARTMENTS

- 64 *Mediterranes Wohngefühl*
- 68 *Alles cool und zweckmäßig*
- 72 *Gemütlichkeit wird groß geschrieben*

WOHNEN UNTERM DACH

- 76 *Behaglichkeit unter schrägen Decken*
- 78 *Wohnzimmer mit Arbeitsnische*
- 80 *Essplatz mit Blick zum Garten*
- 82 *Schlafzimmer mit Einbauschränken*
- 84 *Begehbarer Kleiderschrank in der Schräge*
- 86 *Schränke in der Schräge*

WOHNEN UND ARBEITEN

- 88 *Computerarbeitsplatz im Schrank*
- 90 *Bürocontainer in der Schräge*
- 92 *Das Büro in der Nische*

Zwei Räume – zwei Ebenen

Zwei kleine Räume werden mit ein paar Tricks zu einem großzügigen Wohnbereich. Die beiden Pole der Einrichtung bilden Esstisch und Betten. Doch auch für einen Schreibtisch und eine Sitzecke ist noch Platz

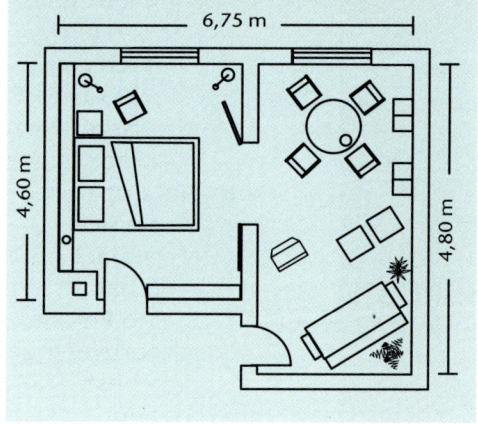

18 m² plus 15,8 m². Eine große Flügeltür verbindet die Räume. Der Esstisch steht auf einem Podest. Das Podest besteht aus einer Kantholzkonstruktion, die mit Laminat verkleidet wurde.

Kleine Wohnräume müssen mit Geschick und pfiffigen Ideen eingerichtet werden – dann wird es auch auf engem Raum so richtig gemütlich. Am Anfang steht die Raumaufteilung. Die zu unseren Einrichtungsvorschlägen gehörenden Grundrisse zeigen jeweils, wie der vorhandene Platz optimal genutzt wird. Ideal sind dabei Möbel, die sich schlank machen, also möglichst wenig Stellfläche beanspruchen. Wuchtige Sessel und Sofas haben hier keine Chance. Auch bei Schränken und Regalen gibt es Platzverschwender. Für ein Apartment oder die Kleinwohnung wählt man am besten Möbel, die den Raum in ganzer Höhe nutzen.

Zusätzliche Freiräume werden durch bewegliche Teile geschaffen: Sitzmöbel und Beistelltische auf Rollen etwa. Nicht zuletzt kommt es auf die Farben an: Helle Töne geben optische Weite.

Der erste Einrichtungsvorschlag zeigt eine Zwei-Raum-Wohnung, bei der die Devise lautet: Gliedern und trennen ohne auch nur einen Quadratzentimeter Platz zu verschenken. Der linke Raum nimmt die beiden Funktionsbereiche Schlafen und Arbeiten auf. Der durch ein mit Laminat belegtes Podest erhöhte rechte Raum bietet einen Esstisch als kommunikatives Zentrum sowie eine kuschelige Sitzecke, auf deren Couch bei Bedarf auch noch Schlafgäste Platz finden.

Transparente Trennung

Die erste Wohnung besteht häufig aus einem einzigen Zimmer

Wo nur ein Raum fürs Wohnen, Arbeiten und Schlafen zur Verfügung steht, heißt es sauber trennen ohne Enge zu erzeugen. Hier gelingt dies durch einen schräg angeordneten transparenten Vorhang. Das Sofa im Wohnbereich kann zu einem breiten Bett ausgeklappt werden. Ein auf Maß gebautes Regal und der Vorhang trennen den Arbeitsbereich am Fenster geschickt ab. Das raumhohe Regal hat Fächer auf beiden Seiten und zur Sofaseite eine Platte für das Fernsehgerät. Hinter dem Schreibtisch findet sich ein zweitüriger Spiegelschrank für Wäsche und die Garderobe.

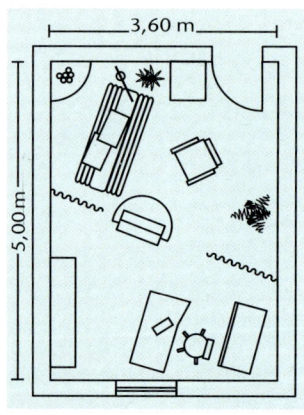

Platzangebot: 18 m². Der Arbeitstisch steht vor dem Fenster. Im dunkleren Teil des Raumes findet sich das Schlafsofa zum Ausklappen. Dazwischen Regal und Vorhang als trennende Elemente. Wenn der Wohnteil nachts zum Schlafzimmer wird, schafft der transparente Vorhang dort eine intime Atmosphäre.

WOHNEN UND SCHLAFEN

Der Raumteiler wird zum Kunstwerk

Statt eines Vorhangstoffes wurden hier farbige Acrylplatten zur Trennwand

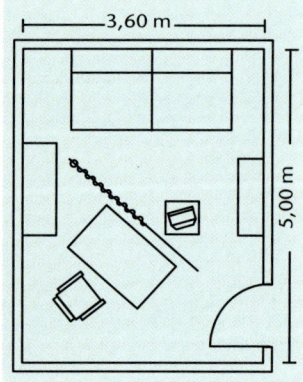

Ist eine Fete angesagt, wird die Trennwand abgehängt. Schreibtisch und Fernseher lassen sich zur Seite rollen.

Wenn in einem Mini-Apartment von nur 12 m² Fläche auch ein Arbeitsplatz untergebracht werden muss, ist ein Raumteiler gefragt. Er besteht hier aus farbigem Acrylglas (3 mm dick). Die Platten wurden mit Metallringen lose verbunden. Oben bildet eine Aluschiene den Abschluss.

Das Ganze hängt oben an Stahlseilen und zwei Schraubösen. Bei Bedarf wird der Raumteiler einfach abgehängt und zusammengelegt. Wird der auf Rollen montierte Schreibtisch dann noch unters Fenster geschoben, bietet das Apartment sogar Platz für etliche Gäste. Auch der Fernseher ist mobil. Im Nu entsteht vor der Sitzgarnitur eine zusätzliche Fläche.

WOHNEN UND SCHLAFEN

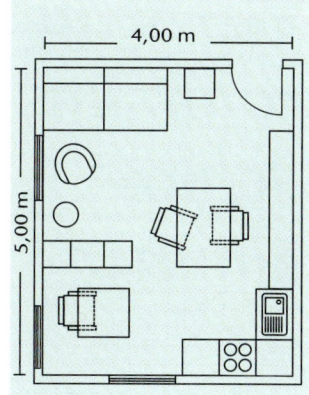

Die in der Mitte offene Schrankwand trennt den Arbeitsbereich von der Sitzecke mit Schlafcouch.

Ein Raum – fünf Funktionsbereiche

Sauber gegliedert wirkt dieses Zimmer größer, als es tatsächlich ist

Kochen, Essen, Arbeiten, Wohnen und Schlafen – das alles findet hier auf nicht mehr als gerade 20 m² Fläche Platz. Links hinter dem Betrachter befindet sich die Kochnische. Davor steht ein großer Esstisch für 4–6 Personen. Links in der Ecke ist Platz für den Arbeitsbereich, der von der Sitzecke durch die Schrankwand getrennt wird. Rechts vom Fernsehsessel steht die ausklappbare Schlafcouch. Drei große Fenster machen den Raum hell.

Die Schrankwand mit dem offenen Regalteil in der Mitte trennt die Bereiche, ohne dabei beengend zu wirken. Wäsche und Garderobe sind in der Diele in einem großen Einbauschrank untergebracht.

WOHNEN UND SCHLAFEN

Viel Stauraum im Schlafzimmer

Reichlich Platz für Wäsche und Garderobe in einem begehbaren Kleiderschrank

Die für Schlafzimmereinrichtungen so typische Schrankwand wirkt fast immer sehr langweilig, fällt doch vom Bett der Blick direkt auf deren raumhohe Türen.
Hier schaut man stattdessen auf eine attraktive Bilderwand. Sonnige Farbtöne in Gelb, Orange und Rot bestimmen das Ambiente.
Aber wo ist der unverzichtbare Stauraum für Wäsche und Garderobe? Zum einen gibt es direkt hinter dem Bett einen begehbaren Kleiderschrank. Das Kopf

Vom Bett aus schaut man nicht auf einen Kleiderschrank, sondern auf eine hübsche Bilderwand.

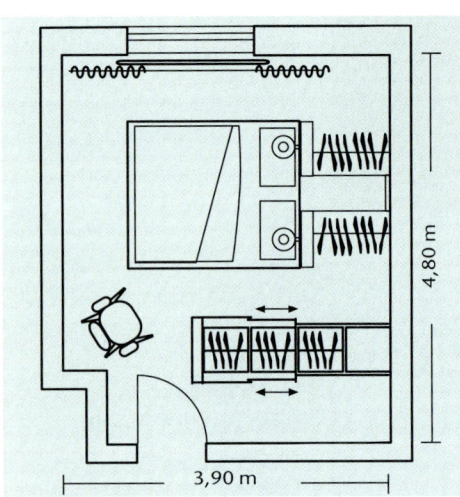

WOHNEN UND SCHLAFEN

WOHNEN UND SCHLAFEN

ende des Bettes steht vor einer raumhohen Trennwand aus Kanthölzern, die mit freundlichem Birkensperrholz bekleidet wurde.

Hinter der Wand steht mittig ein offenes Regal. Rechts und links davon sind übereinander je zwei Kleiderstangen angebracht.

Des Weiteren wurde ein Schiebetürenschrank freistehend parallel zum Bett aufgebaut. Seine Vorderfront ist mit Spiegelglas verkleidet. Dieser Schrank ist von zwei Seiten zugänglich.

Der frei im Raum stehende Schrank verdeckt den direkten Blick von der Tür auf das Bett. So entsteht eine intime Atmosphäre. Gleichzeitig hat man einen Sichtschutz beim Ankleiden.

Rechts: Im Vordergrund rechts sieht man die Spiegelfront des frei im Raum stehenden Schiebetürenschrankes. Hinter dem Kopfende des Bettes befindet sich ein begehbarer Schrank. Unten: Der begehbare Schrank hinter dem Bett im Detail

WOHNEN UND SCHLAFEN

WOHNEN UND SCHLAFEN

Trennwand als Kleiderschrank

Auch hier steht das Bett vor einem Raumteiler, der einen Kleiderschrank verbirgt

Beim Blick in das Schlafzimmer sucht man hier den typischen Kleiderschrank vergeblich. Hinter dem Bett stehen stattdessen vier offene Holzregale. Je zwei Elemente wurden übereck verschraubt. Zwei Kleiderstangen verbinden das Ganze.
Zur Raumseite hat man die Regale mit Spanplatten (16 mm dick) verkleidet und in Creme und Beige gestrichen. Zusätzliche Standfestigkeit bekommt die Konstruktion durch die zwischen Regal und Wand angebrachte Vorhangstange.
Der Vorhang verdeckt den Blick in den begehbaren Schrank.
Für ausreichendes Licht im Schrank sorgen drei oben am Regal angebrachte Lampen.

WOHNEN UND SCHLAFEN

*Links:
Blick von der Tür auf das Bett mit der quer gestreiften Trennwand
Rechts:
Der zurückgezogene Vorhang gibt den Blick frei in den begehbaren Kleiderschrank. Die Konstruktion besteht aus offenen Holzregalen, mit Spanplatten beplankt.*

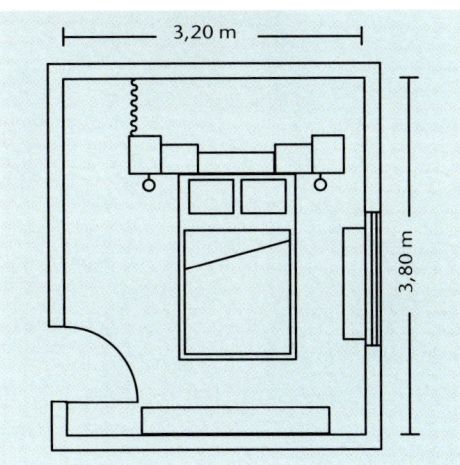

WOHNEN UND SCHLAFEN

Zweckmäßig – und doch gemütlich

Schiebetüren aus Glas trennen hier eine 150 cm tiefe „Kleiderkammer" vom Schlafraum ab

Die unvermeidlichen Schränke stehen im hier gezeigten Einrichtungsbeispiel zwar vor dem Bett, aber man kann sie nicht sehen.
Sie wurden ganz einfach U-förmig gegenüber dem Bett aufgebaut und anschließend durch eine raumhohe Wand aus satinierten Glasschiebetüren abgetrennt.
Bei diesem Beispiel eines begehbaren Kleiderschrankes hat man wieder den Vorteil, offene Schrank- bzw. Regal-

Bei geöffneten Glasschiebetüren hat man freie Sicht auf die Fächer des begehbaren Kleiderschrankes.

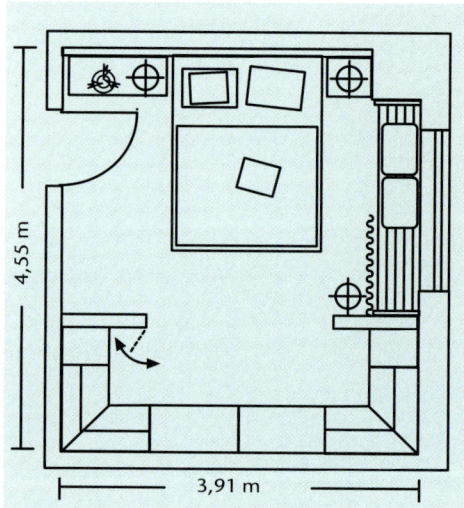

WOHNEN UND SCHLAFEN

WOHNEN UND SCHLAFEN

systeme ohne Türen wählen zu können. Das ist erstens preiswerter als Möbel mit hochwertigen Fronten und zweitens fällt das Suchen nach Wäsche- und Kleidungsstücken leichter. Man hat stets die Übersicht über alle Fächer.

Bei nur 18 m² Grundfläche wird mit der „Kleiderkammer"-Lösung jeder Winkel optimal genutzt, und dennoch wirkt der Raum ausgesprochen gemütlich.

Über den beiden Nachttischchen rechts und links des 160 x 200 cm großen Bettes hängen Stofflampen mit cremefarbenen Bezügen. Passend dazu steht neben dem Fenster eine fast raumhohe Lampe vor der Trennwand und setzt einen zusätzlichen Lichtakzent.

Der Heizkörper unter dem Fenster wurde mit einem Holzgerüst umbaut und dann mit lasierten Eichenleisten verkleidet. So entstand eine zusätzliche Ablagemöglichkeit. Außerdem dient die Verkleidung als Sitzfläche.

*Rechts: Blick von der Tür ins Schlafzimmer. Der Raum ist klein, aber gemütlich.
Unten: Der Heizkörper unterm Fenster wurde mit Holz verkleidet und bildet jetzt eine Sitzbank.*

WOHNEN UND SCHLAFEN

WOHNEN UND SCHLAFEN

Eingerahmt von Einbauschränken

Zweckmäßigkeit ist Trumpf. Fast vier Meter Schrankwand bieten hier viel Stauraum

Bei einer Grundfläche von nicht ganz 14 m² ist kein Platz zu verschenken, wenn die Wäsche und die Garderobe von zwei Personen zu verstauen sind.
Also musste die knapp vier Meter lange Stellwand gegenüber dem Bett mit einem durchgehenden, raumhohen Einbauschrank bestückt werden.
Ein durchgehender Fries an der Decke und Fronten aus mattem Spiegelglas nehmen der großen Schrankwand ihre dominierende Wirkung.

Das Bett steht in einer Nische, die rechts und links von Regalen eingerahmt wird. Die Wand am Kopfende wurde mit moosgrünem Stoff bezogen.

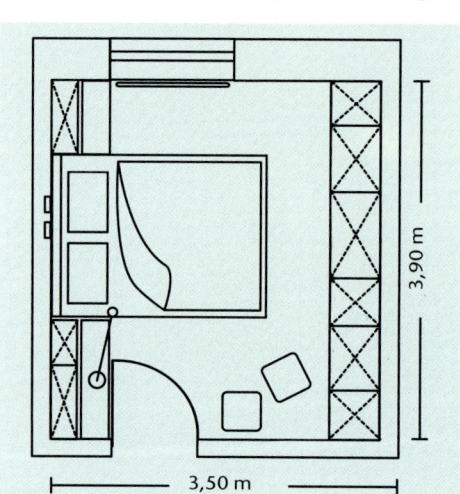

WOHNEN UND SCHLAFEN

WOHNEN UND SCHLAFEN

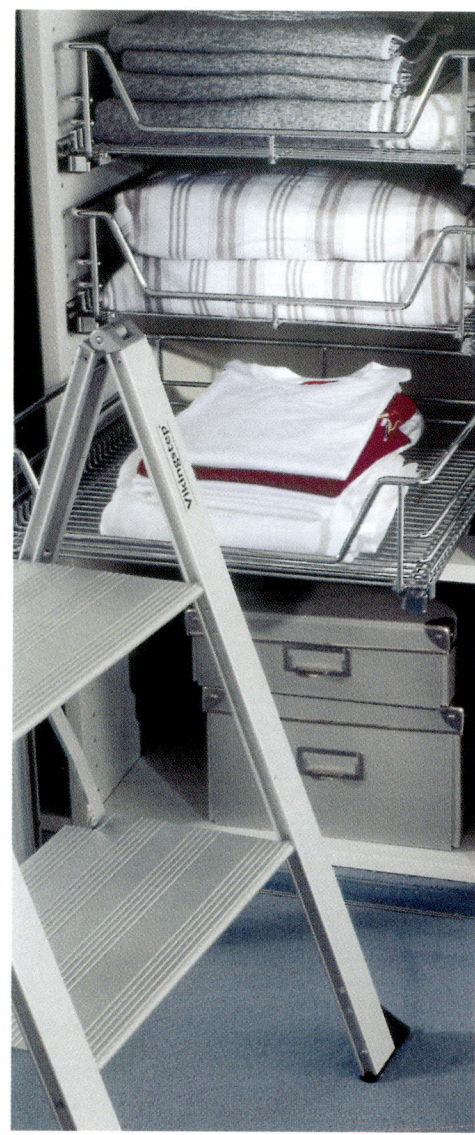

Das Bett wird rechts und links von Regalen eingerahmt, die teilweise wie der Schrank mit Türen aus satiniertem Glas versehen sind. Die auf diese Weise entstandene kleine Nische wurde zunächst mit Holz verkleidet und dann mit moosgrünem Stoff bezogen. Durch die dunklere Farbgebung wirkt der Rest des Raumes größer. Die hohen Regale strecken ihn zudem optisch.
Kühle und entspannende Pastelltöne an Wand und Boden runden das Konzept ab.

Oben: Die zum Schranksystem gehörende Faltleiter erleichtert den Zugriff auf die oberen Fächer.

Links: Der Stauraum rechts vom Bett ist für selten gebrauchte Teile reserviert. Man muss das Bett vorziehen, um die Schiebetür öffnen zu können.

Oben: Die Gleittüren des Kleiderschrankes sind mit satiniertem Spiegelglas gefüllt.

Eine Blende verdeckt die Führung.

Hochbetten schaffen Platz zum Spielen

Leider sind die Kinderzimmer vieler Wohnungen ziemlich klein geraten. Hochbetten sorgen dafür, dass dennoch genug Bewegungsfreiheit bleibt. Optimal ist die Kombination von Hochbett und Schreibtisch

Rechts: Unter dem Hochbett steht der Schreibtisch, rechts daneben der Schrank. So bleibt im Kinderzimmer noch Freifläche zum Spielen. Links: Auch wenn Kinder zu Teenies werden, bleibt das Hochbett aktuell. Rechts unten: Ein Regal am Kopfende dient als Ablage.

Unten: Hochbetten lassen sich hervorragend mit Spieleinrichtungen kombinieren.

D as stiefmütterliche Platzangebot der meisten Kinder- und Jugendzimmer lässt sich nur durch die Schaffung einer zweiten Ebene verbessern. Zum Schlafen geht es in die Höhe. Unter dem Hochbett kann dann ein Schreibtisch stehen oder die Freifläche wird zum Spielen und Toben genutzt.
Werden die Kinder zu Jugendlichen, findet unterm Hochbett vielleicht auch eine kleine Couch Platz. Wer sich einmal an das Hochbett gewöhnt hat, will den luftigen Schlafplatz nicht mehr missen.
Viele Möbelhersteller bieten Einrichtungssysteme an, die das Hochbett mit Schreibtisch, Schrank oder Spieleinrichtungen kombinieren.

Tolle Bude unterm Dach

Die eigene Wohnung im elterlichen Dachgeschoss. Ein echter Traum für Teenies

H äufig fehlt beim Projekt Eigenheim in der Startphase das Geld für einen Ausbau des Dachgeschosses. Kommen die Kinder dann ins Teenie-Alter, hat sich die Finanzlage häufig deutlich entspannt, sodass die Ausbaureserve im Obergeschoss endlich in Angriff genommen werden kann.

Meist ist das ursprüngliche Kinderzimmer dann auch längst zu klein geworden oder das älteste von mehreren Geschwistern zieht nach oben unter die Dachschrägen, um den anderen mehr Platz zu lassen und sich selbst ein wenig abzunabeln.

Im hier gezeigten Beispiel ist das Platzangebot schon recht üppig. Dass die Schrägen die Nutzung ein wenig einschränken, fällt kaum ins Gewicht.

Wie der Grundriss zeigt, wird der Raum in drei wesentliche Bereiche gegliedert. Im hinteren Teil wurde ein begehbarer Wandschrank durch Schiebetüren abgetrennt. Dort ist jede Menge Stauraum für Wäsche, Garderobe, Koffer etc.

Direkt vor den Schiebetüren befindet sich der Arbeitsplatz: ein Schreibtisch mit Drehstuhl.

Blick aus dem Wohnbereich auf die Trennwand, hinter der sich der Schreibtisch verbirgt. Ganz hinten der begehbare Schrank mit Schiebetüren

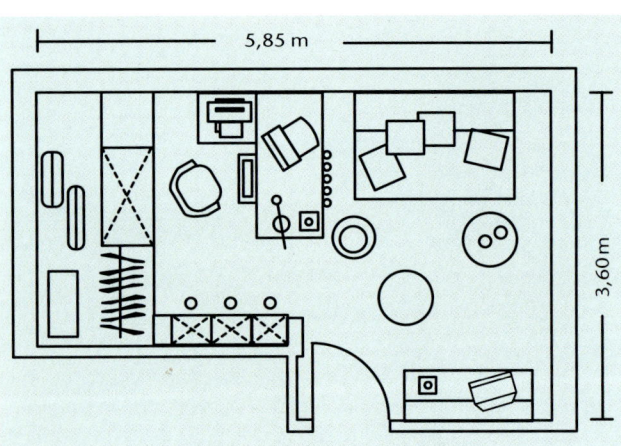

KINDER- UND JUGENDZIMMER

KINDER- UND JUGENDZIMMER

Gegen den Wohnbereich ist der Arbeitsplatz durch eine halbhohe Wand aus weiß beschichteter Spanplatte abgetrennt. Ahornanleimer decken die Kanten der Platte ab.

Im vorderen Teil des Raumes, gleich gegenüber der Tür, wird es gemütlich. In der Ecke unter den schrägen Decken steht ein bequemes Schlafsofa auf Rollen. Tagsüber ein Platz zum Sitzen und Entspannen, nachts ein vollwertiges Bett.

Wenn Gäste kommen, bieten sich zwei runde Schaumstoffsitze für eine Plauschrunde an. Rechts von der Tür steht auf einer flachen Konsole der Fernseher.

Alles in allem lässt dieses Jugendzimmer keine Wünsche offen. Kühle Blau- und Grautöne bestimmen die Optik. Interessante Akzente setzen Lochbleche hinter der Tür und unter dem Dachfenster. An der Tür bildet das Blech mit Magneten eine große Pinnwand. Unterm Fenster verdeckt es den Heizkörper.

Oben: Das Schlafsofa auf Rollen lässt sich im Nu zum bequemen Bett umklappen.
Rechts: Hinter dem Lochblech unterm Dachfenster verbirgt sich der Heizkörper. Ein Loch gibt den Ventilgriff frei.

Links: Schiebetüren verdecken den Schrank und den Zugang zum begehbaren Stauraum.
Rechts: Der Arbeitsplatz wird durch einen halbhohen Raumteiler abgetrennt. Rechts befindet sich eine Regalwand mit zusätzlichem Stauraum.

KINDER- UND JUGENDZIMMER

KINDER- UND JUGENDZIMMER

Beweglichkeit ist Trumpf

Jugendliche stehen auf ständige Veränderung – auch bei der Einrichtung

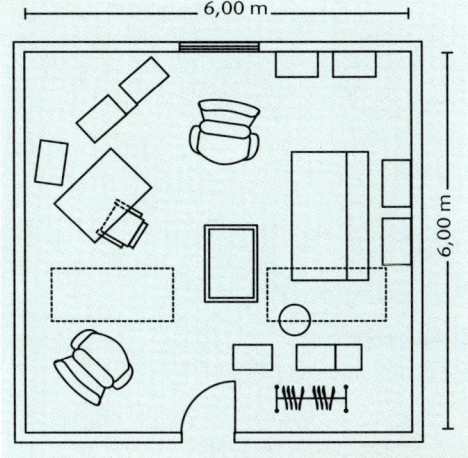

Links: Möbel auf Rollen machen die Einrichtung flexibel. Bei Bedarf werden Regale oder Tisch zur Seite geschoben. Das unter dem Dachfirst montierte Bord dient als Ablagefläche und Klemmhilfe für die Leuchten. Rechts: Mit Rollen aus dem Baumarkt werden Schränke und Regale mobil.

H eute ein gemütliches Zimmer, in dem man mit Freunden Video schaut, morgen Location für eine Geburtstagsfeier mit Tanz – die hier gezeigte Einrichtung ist flexibel und passt sich jeder Veränderung an. Die meisten Möbel stehen auf Rollen und lassen sich im Handumdrehen neu gruppieren. Möbelrollen in verschiedenen Größen gibt es in jedem Baumarkt. Mit Spanplattenschrauben befestigt man sie unter den Böden der Einrichtungselemente. Aus vier extra großen Rollen und einer stabilen Platte entsteht so ein preiswerter Couch- oder Beistelltisch.

Kochen auf engstem Raum

Kleinwohnungen und Apartments haben meist nur Platz für eine Kochnische oder eine Kompaktküche

Die Küche ist an erster Stelle ein Arbeitsplatz. Im Zentrum steht dabei der Herd. Rechts und links sollten sich Arbeitsflächen anschließen.
Neben dem Herd sind Spüle und Kühlschrank unverzichtbare Elemente der Küche.
Wo der Platz ausreicht, wird eine einzeilige Küche wie auf der Zeichnung unten aufgebaut. Sie bietet genügend Stauraum für einen Durchschnittshaushalt. Das große Foto auf der rechten Seite zeigt eine kompaktere Zeile von nur 180 cm Breite.
Noch weniger Stellfläche braucht die mobile Schrankküche im oberen Bild. Sie ist ideal für kleine Apartments.

Bei kleinstem Platzangebot muss eine solche mobile Schrankküche reichen.

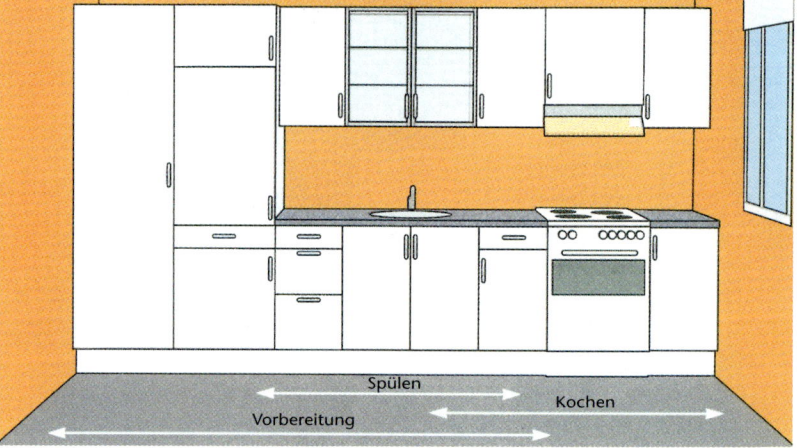

Links: Einrichtungsvorschlag für eine einzeilige Küche – die Pfeile markieren die Arbeitsbereiche und Laufwege. Rechts: Eine Kompaktküche von genau 180 cm Breite

Trennwand zwischen Küche und Essplatz

Schrankwürfel bieten Sichtschutz und Stauraum auf beiden Seiten

In vielen Kleinwohnungen muss die Küche in einer Nische untergebracht werden. Beim hier vorgestellten Apartment hat man die Küchenzeile unter eine Dachschräge platziert – direkt im Blickfeld des großen Wohnraums. Ein 180 cm hoher Raumteiler aus verschiedenfarbigen Schrankwürfeln löst dieses Problem. Die Elemente (40 cm hoch, 45 cm breit und 35 cm tief) stehen in zwei Reihen Rücken an Rücken. So kann man den Raumteiler von beiden Seiten als Stauraum nutzen.
Rechts und links der Würfelwand ist ein bequemer Durchgang frei geblieben.

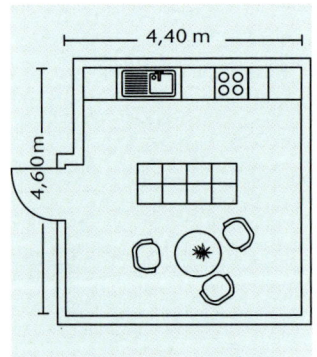

Oben: Vor der Küchenzeile ist ein 120 cm breiter Arbeitsraum frei geblieben.

Rechts: Der Raumteiler trennt die Funktionsbereiche ohne zu beengen.

KÜCHEN UND BÄDER

Essplätze in der Küche

Mit Geschick richten Sie auch in kleinen Küchen einen Essplatz ein

E in Frühstücksplatz für zwei ist fast in jeder Küche unterzubringen. Wir zeigen vier interessante Lösungen.
Beispiel 1 zeigt eine Küche in typischer L-Form. Sie wurde durch eine kleine Theke ergänzt, an der man essen, aber auch arbeiten kann.
Die Lösung auf Bild 2 bietet sich für schmale „Schläuche" an. Gegenüber der Küchenzeile wurde hier eine Platte an der Wand befestigt. Die zwei Barhocker verschwinden nach dem Frühstück unter dem Mini-Tisch.
Die Bilder 3 und 4 präsentieren einen Frühstücksplatz, der an eine Regalwand geschraubt wurde. Hinter der Wand ist ein Rollregal verborgen.
Beispiel 5 setzt auf Mobilität. Hier steht der Esstisch auf Rollen. Zu den Mahlzeiten zieht man ihn vor die Bank, sodass bis zu vier Personen Platz finden. Anschließend schiebt man den Tisch Platz sparend über die Bank bis an die Wand heran.

KÜCHEN UND BÄDER

Oben: Die kleine Küchentheke bietet sich als Essplatz an, wird aber auch für Vorbereitungsarbeiten genutzt.

*Links: Frühstücksplatz für zwei. Man sitzt nebeneinander und hat Blickkontakt durch den Spiegel.
Rechts: An der Regalwand wurde eine vorn gerundete, mit einem Standbein verschraubte, Tischplatte angebracht.*

Rechts: Das Rollregal hinter der Tischplatte bietet Platz für Vorräte. Unten: Zum „Parken" wird ein Esstisch auf Rollen über die Bank bis an die Wand geschoben.

Arbeitsplatz für Mini-küchen

Hier können Sie nach Herzenslust schneiden, raspeln, panieren usw.

A uf nur einem halben Quadratmeter bietet das „Küchen-Mobil" einen perfekten Arbeitsplatz für Hobby-Köche. Mit Hilfe unserer Anleitung bauen Sie es leicht nach.
Die Maße aller erforderlichen Einzelteile entnehmen Sie der Materialliste auf Seite 44. Die große Explosionszeichnung daneben macht deutlich, wie die Teile zusammengefügt werden müssen.
Die vier Stollen leimen Sie aus jeweils drei Lagen Buchenholz von 19 mm Dicke zusammen. Zargen und Querbretter werden daran mit Holzdübeln befestigt. Für saubere Bohrungen brauchen Sie eine Dübellehre mit Tiefenanschlag. Die Alu-Reling über der Bodenplatte müssen Sie schon bei der Montage des Grundgerüstes in die vorbereiteten Bohrungen einschieben. Damit keine Spannung auftritt, sollten die Stangen

Ein idealer Arbeitsplatz für Hobby-Köche. Durch das raffinierte Innenleben unseres „Küchen-Mobils" sind alle wichtigen Utensilien vom Messer bis zur Teigrolle stets griffbereit.

KÜCHEN UND BÄDER

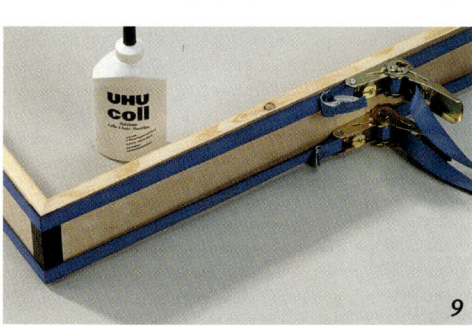

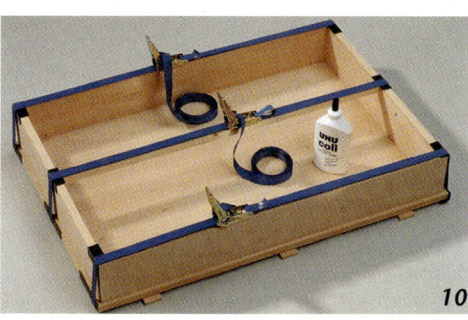

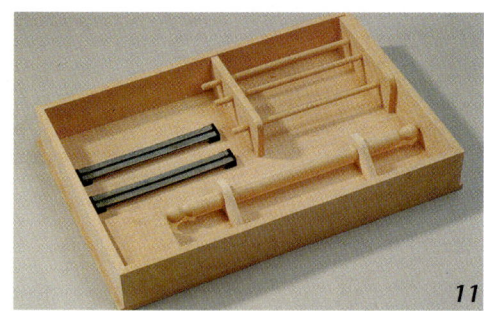

So wird's gemacht:
1. *Stollen, Querbretter und Längszargen werden durch Holzdübel miteinander verbunden.*
2. *Die Stangen der Alu-Reling beim Verleimen einsetzen.*
3. *Spanngurte helfen beim Verleimen.*
4. *Die Laufleisten werden mit Abstandhaltern montiert.*
5. *Die Trägerplatten mit den darauf befestigten Laufleisten werden an den Stollen befestigt.*
6. *Unten müssen Sie die Stollen aufdoppeln, um die Rollen befestigen zu können.*
7. *Die vier Rahmenbretter des Deckelkastens werden auf Gehrung zugeschnitten.*
8. *Zum Verleimen benutzen Sie Spanngurte und Kunststoffprofile zum Schutz der Ecken.*
9. *Für den Deckelrahmen brauchen Sie mindestens zwei Gurte.*
10. *Wird das Deckbrett aufgeleimt, muss man Leisten unterlegen, um den Druck gleichmäßig zu verteilen.*
11. *Die Aufteilung des Deckelinnenlebens können Sie nach Belieben variieren.*
12. *So sieht der vollendete Unterbau mit Schubkasten aus.*

KÜCHEN UND BÄDER

KÜCHEN UND BÄDER

13

14

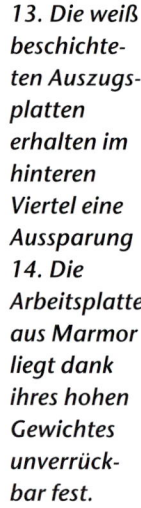

15

13. Die weiß beschichteten Auszugsplatten erhalten im hinteren Viertel eine Aussparung
14. Die Arbeitsplatte aus Marmor liegt dank ihres hohen Gewichtes unverrückbar fest.
15. Da der aufklappbare Deckelkasten samt Innenleben recht schwer werden kann, werden zwei Klappenstützen montiert, die ihn sicher fixieren.

ungefähr 1-2 mm Spiel aufweisen. Damit Auszugsplatten und Schublade leicht in den Führungen gleiten, ist bei deren Montage Präzision gefragt. Am besten legen Sie passende Leisten als Abstandhalter beim Verschrauben dazwischen. Da man als Do-it-yourselfer selten über meh-

Sind alle Beschläge montiert, wird das „Küchen-Mobil" mit speziellem Holzöl eingerieben.

Materialliste „Küchen-Mobil"

Position	Anzahl	Bezeichnung	Maße in mm	Material
1	4	Stollen*	792 x 57	Buche, Leimholz
2	2	Laufleisten	571 x 50	19 mm dick
3	2	Laufleisten	571 x 30	
4	2	Laufleisten	571 x 20	
5	2	Führungsleisten	570 x 19	
6	2	Konsolen	120 x 80	
7	2	Kippleisten	476 lang	Kiefer 38 x 19 mm
8	2	Längszargen	766 x 80	Tischlerplatte
9	2	Querzargen	476 x 80	19 mm dick
10	2	Querbretter	476 x 184	
11	2	Trägerplatten	571 x 165	
12	2	Längszargen	766 x 57	
13	1	Ablagebrett	900 x 100	
14	2	Rahmenbretter	880 x 120	
15	2	Rahmenbretter	590 x 120	
16	1	Abdeckbrett	900 x 600	
17	2	Trägerplatten	280 x 115	
18	1	Kastenwand	170 x 140	
19	1	Kastenwand	170 x 80	
20	1	Frontblende	760 x 120	
21	2	Seitenteile	570 x 120	
22	1	Rückwand	648 x 105	
23	2	Frontblenden	760 x 40	
24	2	Auszugsplatten	724 x 570	besch. Spanplatte 19 mm dick
25	1	Bodenplatte	870 x 580	Buche, Sperrholz 8 mm dick
26	1	Schubladenboden	666 x 579	Buche, Sperrholz 5 mm dick
27	1	Rundholz	680 lang	Buche, Ø 40 mm
28	3	Rundhölzer	430 lang	Buche, Ø 15 mm

* = bestehen aus je drei Lagen Buchenleimholz;
1 Marmorplatte, 20 mm dick, 900 x 500 mm; 4 Möbelrollen, 75 mm Ø, mit Feststeller und Platte, Bauhöhe 103 mm; je zwei Alu-Stäbe, 10 mm Ø, 786 und 496 mm lang; 2 Klappenstützen 250 mm lang; 2 Magnetleisten 380 mm lang; Buche-Umleimer; je 4 Aufdoppelungen 56 x 28 x 80 und 28 x 28 x 80 mm (für Rollenplatten); Spanplattenschrauben; Holzdübel; Holzleim

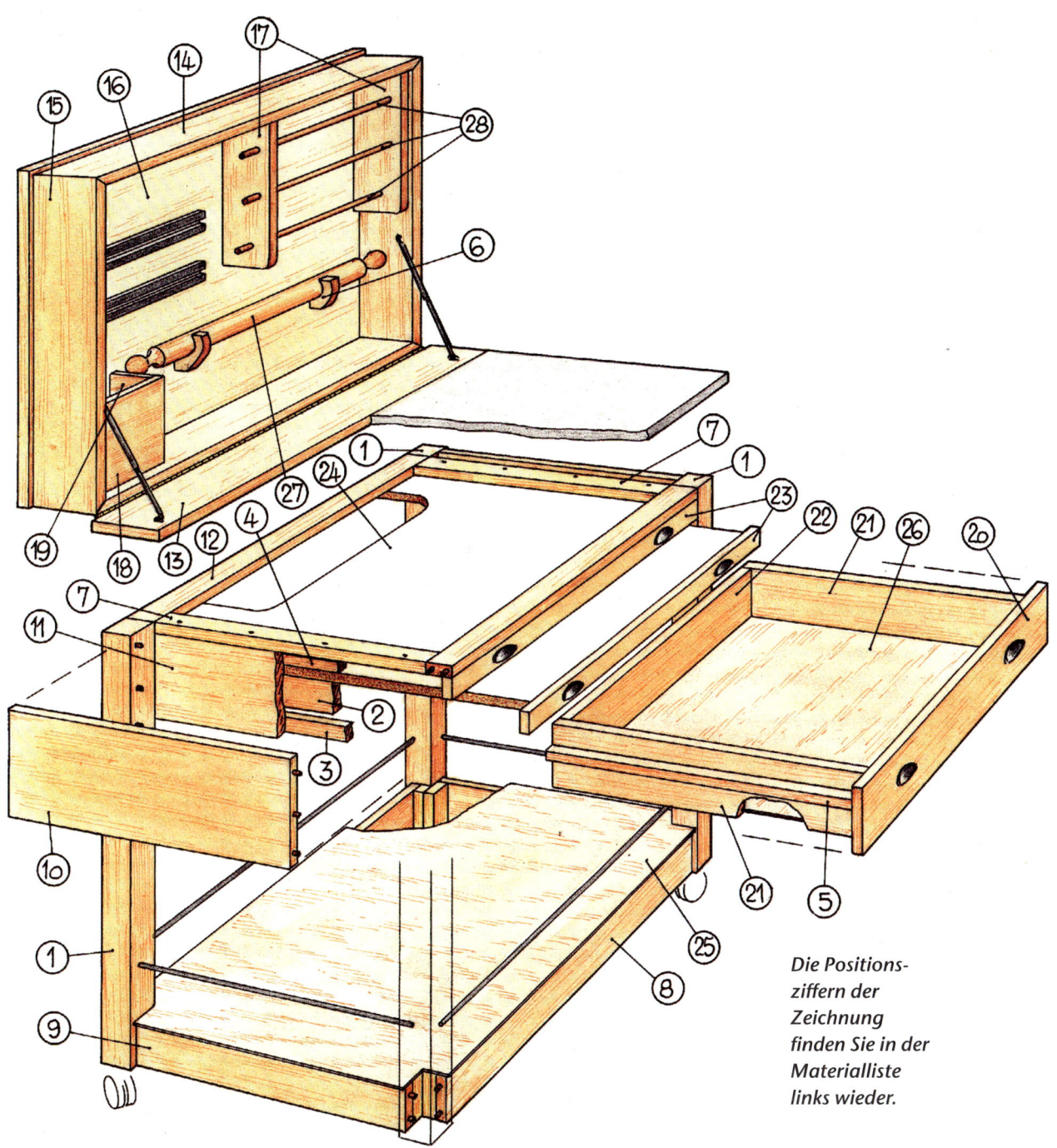

Die Positionsziffern der Zeichnung finden Sie in der Materialliste links wieder.

rere sehr große Zwingen verfügt, zeigen wir, wie man sich auch mit Spanngurten behelfen kann.

Wenn man den Deckelkasten zusammenfügt, kommen Schoner aus Kunststoff auf die Rahmenecken.

Der Deckelkasten wird an dem hinter der Marmorplatte platzierten Ablagebrett mit Klavierband angeschlagen. In geschlossenem Zustand liegt der Deckel sowohl auf dem Brett als auch auf der Platte auf. Da das Brett mit 19 mm aber 1 mm dünner ist, sollten Sie bei der Montage das Brett mit einem dünnen Furnierstreifen unterfüttern. Die Marmorplatte können Sie sich bei einem Baustoffhändler passend zuschneiden lassen. Die drei sichtbaren Kanten lässt man schleifen, die hintere kann rau bleiben. Fixiert wird die schwere Platte ganz einfach mit Teppichklebeband.

In den Deckelkasten kommen so praktische Dinge wie eine Teigrolle, Halter für Küchenpapier und Alufolie sowie Magnetleisten für diverse Messer.

Das Buchenholz wird am besten mit Holzöl behandelt. Durch Zucker, Alkohol oder auch Zitronensaft kann die Marmorplatte Flecken bekommen. Schutz bietet eine Behandlung mit Feinpolitur.

KÜCHEN UND BÄDER

Luxusbad auf kleiner Fläche

Pfiffige Detail-Lösungen bei Platzmangel im Mini-Badezimmer

Was tun, wenn das heimische Bad mit gerade mal 3,9 m² Grundfläche aufwartet? An der Grundaufteilung Toilette, Waschbecken und Wanne nebeneinander ließ sich bei diesem Beispiel wenig ändern. Doch in Sachen Optik konnte einiges getan werden. Außerdem sorgen ein paar intelligente Details für zusätzlichen Stauraum.
Wo vorher quadratische Fliesen im Cremeweiß der 50er Jahre Langeweile verbreiteten, sind jetzt italienische Fliesen in zwei unterschiedlichen Dekoren zu bewundern: Über einem einfarbig blauen Sockel

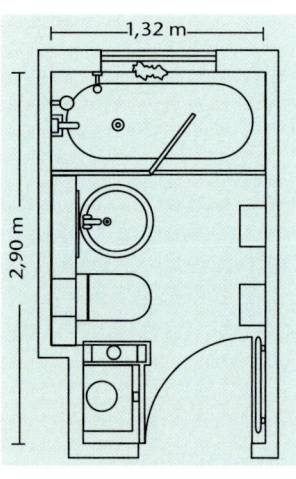

Die gestreiften Fliesen in Kombination mit Sockel und Bordüre vermitteln optisch mehr Größe, als der Grundriss tatsächlich hergibt.

KÜCHEN UND BÄDER

*Links:
In der Wanne kann man auch duschen.*

*Unten:
Das kleine Fenster bekam einen Spritzschutz.*

sieht man hochformatige Fliesen mit grafischem Streifenmuster. Eine Bordüre aus den Sockelfliesen gibt dem Raum optisch mehr Weite.

Direkt neben der Tür sitzt die Gasetagenheizung; ursprünglich ein ins Auge fallender Kasten. Da ein Austausch der Therme ohnehin anstand, wurde ein Ersatz mit deutlich kleinerem Einbaumaß gewählt. Eine Trennwand ließ eine Nische entstehen, in der die Therme hinter einer Jalousie verschwindet. Zusätzlich entstanden Regalböden sowie ein Platz für die Wäschetonne.

Für Toilette und Waschbecken waren neue Installationsleitungen fällig. Die dafür erforderliche Installationswand wurde aber nicht – wie sonst üblich – auf 120 cm hochgezogen, sondern raumhoch aufgebaut. Dieser Trick schafft die Möglichkeit, über dem Toilettenbecken drei Nischen einzuplanen, die eleganter aussehen als übliche, an die Wand gedübelte Regale.

Die Wanne bekam eine schicke Duschabtrennung, und das Fenster wurde mit einem aufklappbaren Spritzschutz versehen. Nun kann sich das Bad sehen lassen.

*Links:
In den blauen Schränkchen neben dem Röhrenheizkörper finden Badezimmer-Utensilien Platz.
Rechts:
In einer abgemauerten Nische hinter der Jalousie verbirgt sich die Gastherme. Darunter ist noch Platz für zwei Regale und die Wäschetonne.*

KÜCHEN UND BÄDER

Eleganz bis ins Detail

Gelungene Raumaufteilung und edle Materialien

Der Grundriss verrät es: Dieses Bad hat nicht mehr als 4,25 m²; dennoch wirkt es ausgesprochen elegant und großzügig.
Der Architekt hier die Tür optimal platziert: sie schlägt direkt neben der Wanne auf ohne den Bewegungsraum vor Waschbecken und Toilette zu tangieren.
Auf der Toilettenseite sind alle Rohre samt Spülkasten in einer Installationswand untergebracht. So entstand in 120 cm Höhe ein Sockel, der als Ablagefläche dient.
Gleichzeitig bildet der Vorsprung am Kopfende der Wanne eine Nische, die Spannung ins Bild bringt.

Die Nische hinter der Tür wird für die Wanne mit Duschabtrennung genutzt. An der gegenüberliegenden Wand finden Waschtisch und Hochschrank Platz.

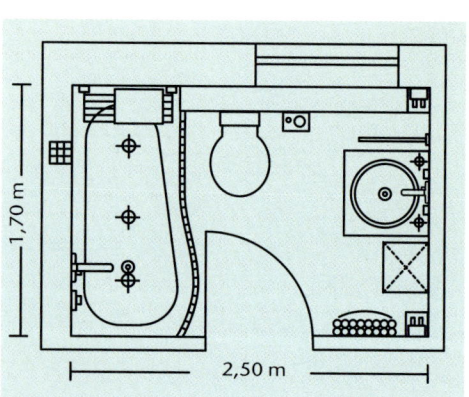

KÜCHEN UND BÄDER

KÜCHEN UND BÄDER

Rechts: Neben der Tür wurde der 180 cm hohe Stabheizkörper montiert.

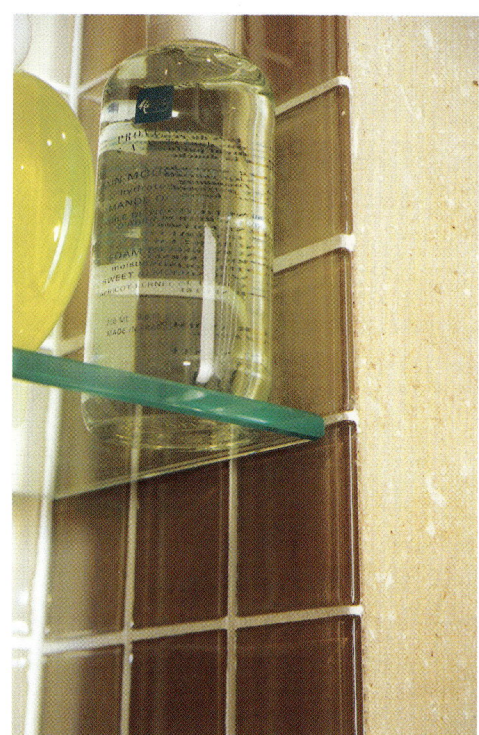

Die Wanne besitzt eine geschwungene Kontur. Daher wurde sie mit Mosaikfliesen verkleidet. 60 x 40 cm große Kalksteinplatten sorgen an Boden und Wänden für Großzügigkeit.
Eine Glasabtrennung macht die Wanne zur vollwertigen Dusche. Über dem Kopfende findet sich ein Regal für Handtücher.
Die nur 80 cm breite Waschtischkombination und der 36 cm breite – dafür aber 182 cm hohe – Schrank mit ihren warmen Buchenfronten schaffen Ruhe, ohne den Raum optisch zu erdrücken. Besonders elegant: die ausgefallenen Armaturen.

*Oben: In der kleinen Nische hinter der Wanne sind Borde aus 1 cm dickem Glas angebracht.
Rechts: Reichlich Platz für Bad-Utensilien und Kosmetika bietet die Schublade des Waschtisches.*

KÜCHEN UND BÄDER

Platz für eine Dusche schaffen

Im typischen Altbaubad wird wertvoller Raum verschenkt

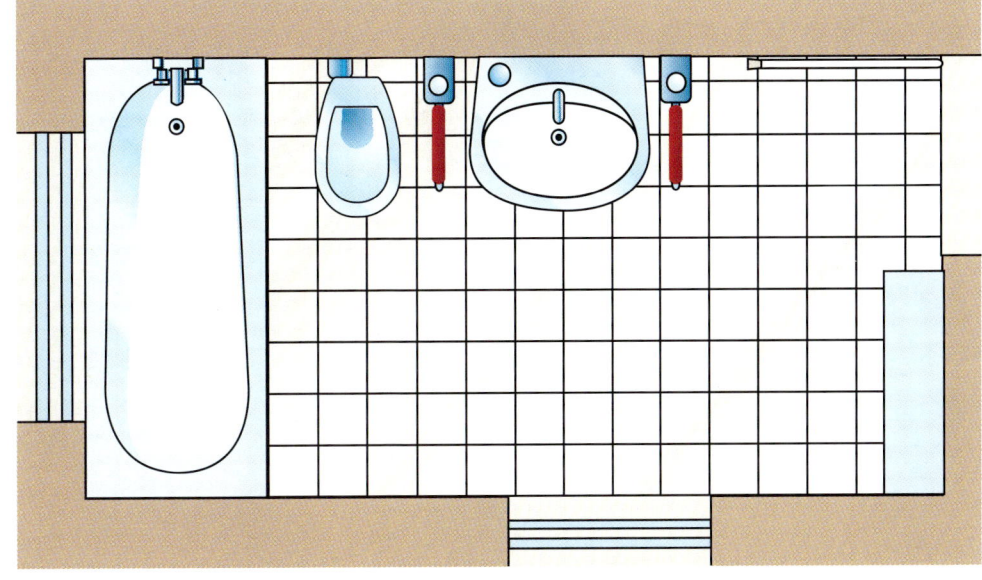

Bei der Platzierung der Sanitärobjekte hieß es früher: immer an der Wand entlang. Waschbecken, Toilette und Wanne wurden in einer Reihe installiert, damit die Rohrverlegung einfach war. Heute lassen sich zusätzliche Leitungen im Estrich oder in einem Sockel verbergen. So kann das Bad z. B. durch eine Eckdusche erweitert werden, wie die beiden Grundrisse rechts zeigen.

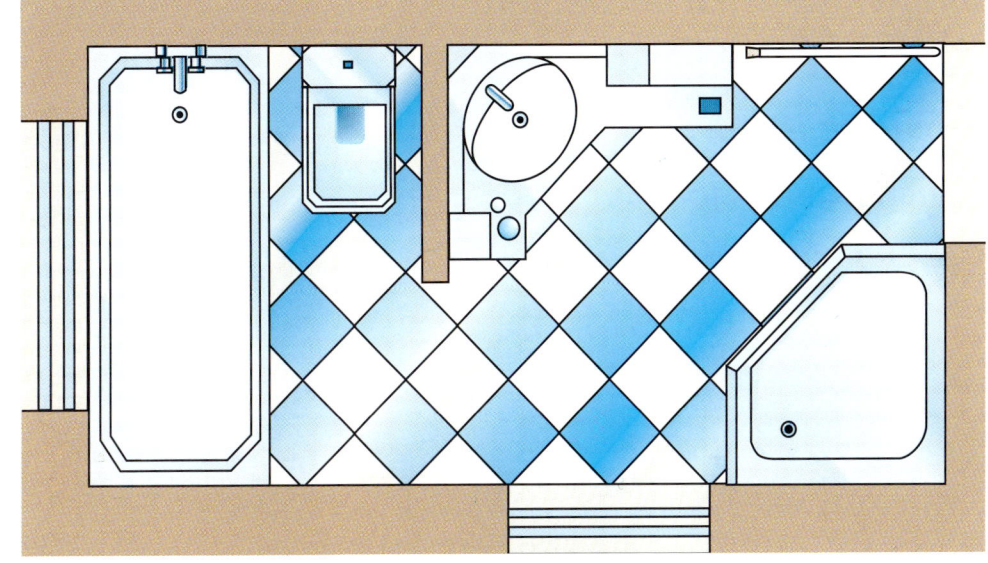

Oben: Die beiden Grundrisse zeigen, wie der in der obigen Variante verschenkte Raum für eine Eckdusche genutzt werden kann.

Die Trennwand zwischen Toilette und Waschbecken schafft in der unteren Version Intimität im WC-Bereich und ermöglicht außerdem den Einbau eines großen Eckwaschtisches.

Baden unter der Dachschräge – kein Problem

Das Dachgeschoss bietet sich geradezu an, um ein großzügiges Badezimmer einzurichten. Wo unter der Schräge keine Stehhöhe mehr vorhanden ist, reicht die Deckenhöhe immer für eine Badewanne aus. Unser Bild zeigt eine Eckbadewanne, die sich samt anschließender Dusche optimal an die Raumverhältnisse unter der Schräge anpasst. Gibt es Probleme mit der Duschabtrennung, braucht man eine Sonderanfertigung.

KÜCHEN UND BÄDER

Kompakt möblieren und Platz sparen

In Neubauten ist der Eingangsbereich oft eng und dunkel, in Altbauten verschenken lange Flure wertvollen Raum. Doch für beide Probleme gibt es Lösungen

D ie Diele in unserem ersten Beispiel ist verhältnismäßig geräumig. Aber in einem Haushalt mit mehreren Kindern sind hier auch eine Menge Schuhe und Klamotten unterzubringen. Daher ist man bei der Möblierung mehrgleisig gefahren.
Der Garderobenschrank rechts mit seinem transparentem Stoffbezug ist für größere Teile geeignet. Gleichzeitig lassen sich dort noch ein paar Aufbewahrungskartons für Handschuhe, Schals etc. verstauen.
Links daneben eine Garderobenleiste für kleinere Teile. Die praktische Sitzbank darunter ist gleichzeitig der Schuhschrank.
Der mobile Garderobenständer im Vordergrund steht für Sonderaufgaben bereit.

Besonders praktisch ist die Bank mit ihren Schuhfächern. Drei Pendelleuchten geben in der Diele Licht.

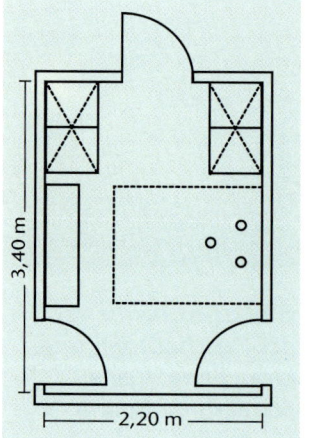

FLURE UND GARDEROBEN

Nische mit Falttüren

Wer es gerne ordentlich hat, lässt die Garderobe einfach hinter einer Tür verschwinden

Stört es Sie, dass die Flurgarderobe immer zur Rumpelkammer wird? Dann ist die Lösung mit der Falttür genau das Richtige.

In der Wandnische wird zunächst ein Regalsystem mit Schienen und Einhängeböden montiert. Bis zur Decke hoch kann damit jeder Winkel perfekt ausgenutzt werden.

Um die fertig gekauften Falttüren exakt einpassen zu können, baut man einen Rahmen aus furnierter Spanplatte, der ringsum den Wand- und Deckenabstand genau ausgleicht. In diesen Rahmen werden dann die Laufschienen der Falttüren montiert.

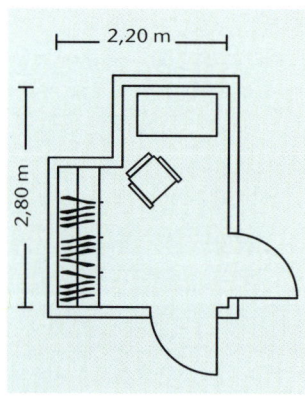

Oben: Hinter den Falttüren verbirgt sich ein Regalsystem, in das Borde, Stangen und Körbe eingehängt werden können. Der breite Rahmen gleicht die Abstände zu Wand und Decke aus.

Rechts: Die mittleren „Bullaugen" sind Grifflöcher der Türen zum Aufziehen.

FLURE UND GARDEROBEN

Die Schiebetüren des Einbauschrankes wurden mit Spiegelglas beklebt.

Das ist nicht nur praktisch, sondern lässt den Raum auch größer erscheinen.

Regal- und Schrank-Ideen für die Diele

Einbauschrank mit Spiegeltüren und deckenhohe Regale

E in großer Spiegel gehört in jede Diele. Hier hat man beide Schiebetüren des Einbauschrankes mit Spiegelglas bestückt. Man nimmt den Mantel aus der Garderobe im Einbauschrank, zieht die Tür wieder zu und kann sich von Kopf bis Fuß in dem raumhohen Spiegel bewundern.

Das Innere der Schranknische ist durch eine Zwischenwand sowie Borde aus weiß beschichteter Spanplatte aufgeteilt.

Auf der gegenüber liegenden Raumseite wurden zwei Türen mit einem bis an die Decke reichenden Regal umbaut. Auf diese Weise wird im Wohnraum zusätzlicher Platz frei.

FLURE UND GARDEROBEN

Links:
Zweckmäßigkeit ist Trumpf. Regale und Zwischenböden schaffen Stauraum.

Oben:
Das „tote" Ende eines Altbauflurs wurde in einen begehbaren Schrank umgewandelt.

V erblüffend, was man bei konsequenter Ausnutzung jedes Winkels auch in einer kleinen Diele alles unterbringen kann. Wer damit leben kann, Regale und Kartons zu sehen, kann sich bestimmt mit der Lösung im großen Bild anfreunden. Ein Zwischenboden über der Tür dient als zusätzliche Abstellfläche.

Beim Beispiel im kleineren Bild wurde das Ende eines langen Altbauflures durch eine Schiebetür abgetrennt. So entstand ein begehbarer Schrank als Stauraum für Garderobe, Wäsche, Koffer und vieles mehr. Halogenspots im Zwischenboden erhellen den Raum.

Jeder Zentimeter wird genutzt

Einbauschränke, Regale und Zwischenböden

Viel Platz für alle Ihre Schuhe

Ein Dielenschrank, der rund 50 Paar Schuhe aufnimmt. Sie können ihn leicht nachbauen

D ie Maße aus der Zeichnung und der Materialliste müssen Sie den konkreten Gegebenheiten in Ihrer Wohnung anpassen. Achten Sie darauf, den Schrankkorpus so zu bauen, dass noch einige Zentimeter Abstand zur Decke bleiben, damit er sich nach der Montage auch problemlos aufstellen lässt. Die attraktive Optik unserer Schuhgarderobe wird durch ihre strukturierte Oberfläche bestimmt. Auf den ersten Blick scheinen die Platten aus geriffelten Blechen zu bestehen. Tatsächlich wurden die Spanplatten allerdings nur mit einer Prägetapete beklebt. Die Tapete bekam zunächst eine blaue Grundierung und wurde dann mit Silbereffektlack gestrichen. Dabei werden nur die erhabenen Stellen der Tapetenprägung bedeckt. So entsteht der täuschend echte Eindruck einer glänzenden Metalloberfläche.

Endlich finden alle Schuhe eine leicht zugängliche Aufbewahrung.

Die große Schranktür ist mit Garderobenhaken versehen, die kleinere wird mit Spiegelglas beklebt.

FLURE UND GARDEROBEN

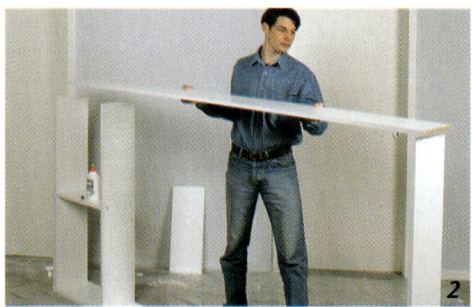

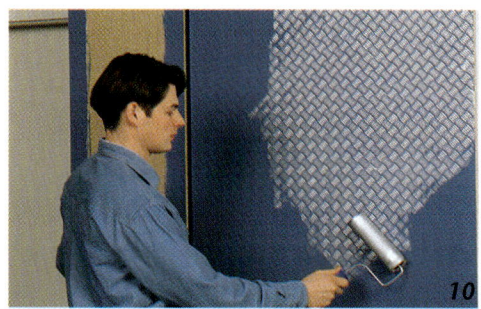

So wird's gemacht:
1. Da die Außenseiten des Korpus später tapeziert werden, können Sie die Teile mit durchgehenden Spanplattenschrauben verbinden. Erst die Löcher vorbohren.
2. Dann legen Sie die Teile aufeinander.
3. Beim Eindrehen der Schrauben ist ein Akkuschrauber hilfreich.
4. Stellen Sie den Korpus auf und dübeln ihn durch die vorgebohrten Holzklötze der oberen Innenecken an die Wand.
5. Nachdem man die Schraublöcher gespachtelt hat, werden die Seitenteile übertapeziert.
6. Dann befestigen Sie die beiden Garderobentüren mit Stangenscharnieren.
7. Zur Begrenzung des Öffnungswinkels werden Ketten an Tür und Korpus befestigt
8. Anschließend die Türen von beiden Seiten mit Prägetapete bekleben.
9. Nachdem die Tapete blau grundiert wurde, verteilen Sie Silbereffekt-Lack auf einer glatten Fläche (z. B. einer beschichteten Spanplatte).
10. Sie nehmen davon etwas mit einer Tapeten-Andrückwalze auf, um damit die erhabenen Partien der Prägung zu streichen.
11. Ist die Farbe trocken, wird der Spiegel aufgeklebt. Zuletzt befestigen Sie die Abschlussleisten.

FLURE UND GARDEROBEN

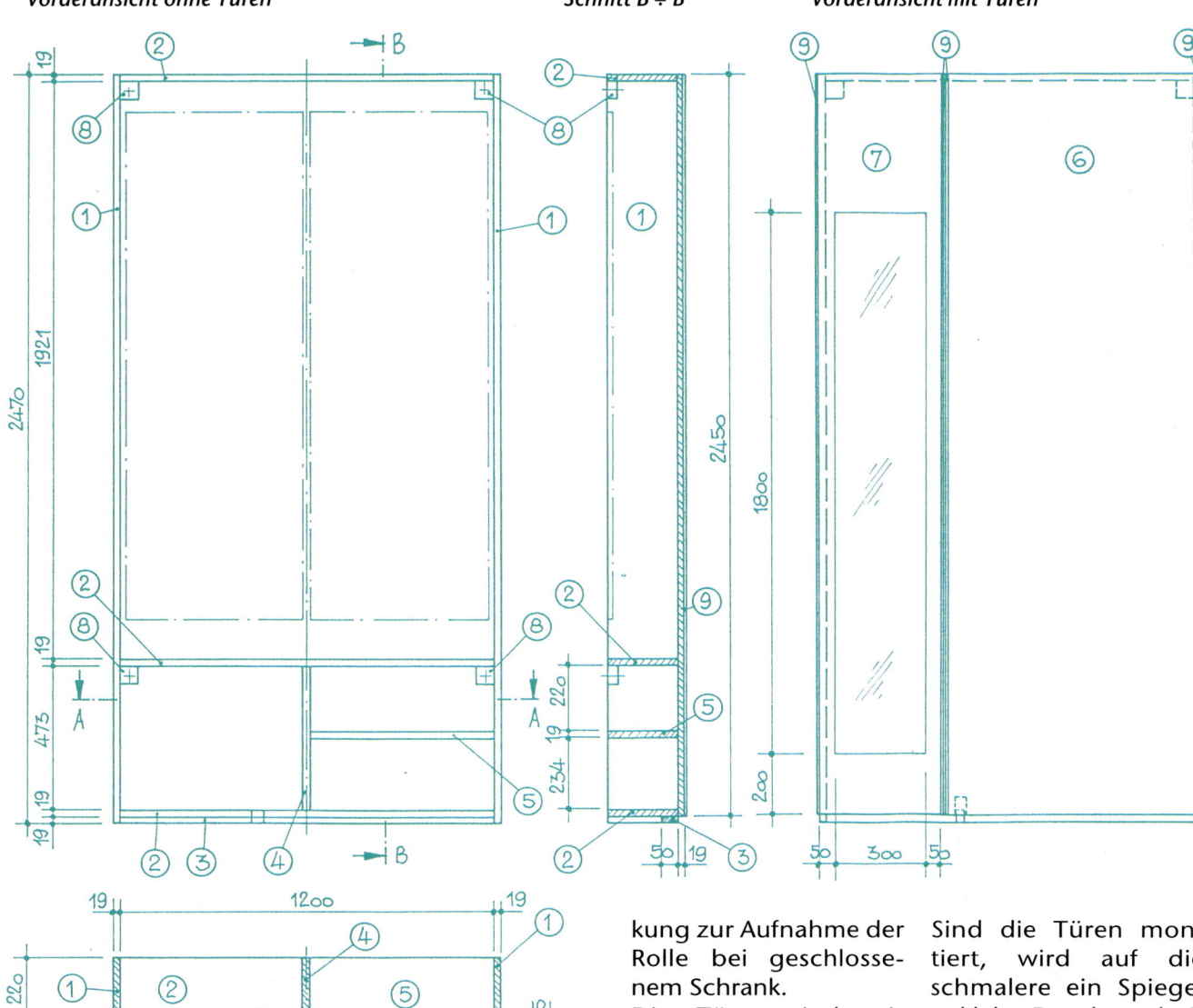

Vorderansicht ohne Türen — *Schnitt B ÷ B* — *Vorderansicht mit Türen*

Schnitt A ÷ A

Da die rechte Tür der Garderobe im Verhältnis zum Korpus sehr groß und damit auch entsprechend schwer ist, würde sie im geöffneten Zustand möglicherweise den gesamten Schrank zum Kippen bringen. Daher wurde sie zur Entlastung auf eine an der Innenseite montierte Laufrolle gestellt. In den Boden kommt eine entsprechende Ausklinkung zur Aufnahme der Rolle bei geschlossenem Schrank.

Die Türen sind mit Stangenscharnieren angeschlagen; Metallketten begrenzen die Öffnungswinkel.

Sind die Türen montiert, wird auf die schmalere ein Spiegel geklebt. Das doppelseitige Spezialklebeband bekommen Sie beim Glaser, der den Spiegel zuschneidet.

Die Zeichnungen zeigen die Schuhgarderobe aus allen Perspektiven. Die Positionsziffern finden Sie auch in der Materialliste rechts.

Materialliste Schuhgarderobe

Position	Anzahl	Bezeichnung	Maße in mm	Material
1	2	Seiten	2470 x 220	besch. Spanplatte
2	3	Böden	1200 x 220	19 mm dick
3	1	Sockelleiste	1200 x 50	
4	1	Laufleisten	473 x 220	
5	1	Zwischenwand	590 x 220	
6	1	Tür	2450 x 836	Spanplatte
7	1	Tür	2450 x 400	19 mm dick
8	4	Klötze	20 dick	Kiefer 50 x 50 mm
9	4	Kantenleisten	2450 lang	Kiefer 25 x 10 mm

2 Draht-Schuhregale; Spiegel, 1800 x 300 mm; 7 Mantelhaken; Stützrolle mit Lagerklotz; 2 Stangenscharniere, 2400 mm lang; Spanplattenschrauben; Spiegelklebeband; Holzdübel; Holzleim

FLURE UND GARDEROBEN

Mediterranes Wohngefühl

Ein Apartment, drei individuelle Einrichtungsbeispiele: Vom mediterranen Feeling über coole Atmosphäre bis hin zum gemütlichen Nest finden Sie Vorschläge für das Wohnen auf knapp 20 m² Grundfläche. Viele praktische Tipps helfen, Geld durch Eigenleistung zu sparen

Kräftige Farben bei Möbeln und Vorhängen sowie mediterrane Töne bei den Tapeten bestimmen das erste Einrichtungsbeispiel.

Auf der Wunschliste der Studentin, die hier zu Hause ist, standen zwei geräumige Schränke, ein Arbeitsplatz und ein bequemes Bett, das tagsüber zur Couch werden kann.

Wände und Decke sind in den warmen Farben Marrakesch und Casablanca tapeziert. Die Vliestapete lässt sich problemlos verarbeiten. Man streicht den Tapetenkleister auf die Wand und drückt dann die Bahnen an. Ist ein Tapetenwechsel angesagt, lassen sich die Bahnen rückstandsfrei abziehen.

Für den Boden wurde ein strapazierfähiger Laminatbelag im Holzdekor Kastanie gewählt. Während übliches Laminat in Nut und Feder verleimt werden muss, braucht man die hier verwendeten Elemente nur zusammenzustecken. Ein Klick und die Laminatdielen sind fest

Die beiden Schiebetürenschränke rechts und links der Schlafcouch bieten viel Platz für Wäsche und Garderobe.

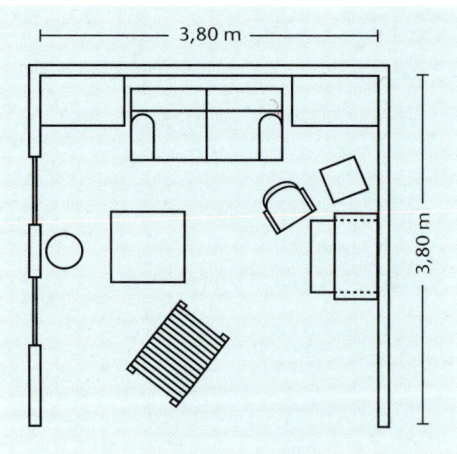

So wird tapeziert:
1. Den Spezialkleister anmischen und direkt auf Wand und Decke streichen.

2. Die zugeschnittenen Tapetenbahnen dann in das Kleisterbett drücken.

3. Die Vliestapeten in mediterranen Tönen geben dem Raum eine warme Atmosphäre.

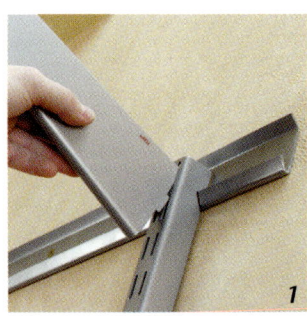

Schrankmontage:
1. Die Wandschienen werden angedübelt und die Tragleisten eingehängt.
2. Auf den Boden kommt die untere Führung der Schiebetüren.
3. Die obere Führung wird an die Decke gedübelt.
4. An die Innenseiten der Türen schraubt man die Einhängebeschläge.
5. Die nach Wunsch gestrichenen Türen einfach einhängen und schon ist der Einbauschrank fertig.

miteinander verbunden. Bei einem Auszug lassen sie sich dann ebenso leicht wieder auseinander nehmen und an anderer Stelle neu verlegen.
Die in der Etagenwohnung erforderliche Trittschalldämmung aus weichem Schaumstoff ist übrigens auch schon an der Unterseite der Elemente angebracht.
Die beiden Schränke rechts und links der Schlafcouch bestehen aus Regalelementen an Wandschienen. Es gibt Korbgestelle, Wäschefächer, Drahtböden, Kleiderstangen usw. Alles wird in kurzer Zeit eingehängt. Die maßgefertigten Schiebetüren des Systems kann man nach Lust und Laune streichen oder tapezieren. In unserem Beispiel wurde seidenglänzende Wandfarbe gewählt.
Der quadratische Arbeitstisch besteht aus einer Leimholzplatte mit vier darunter geschraubten Metallbeinen. Bei Bedarf kommt ein zweiter Tisch hinzu, sodass die Arbeitsfläche übereck erweitert wird.

APARTMENTS

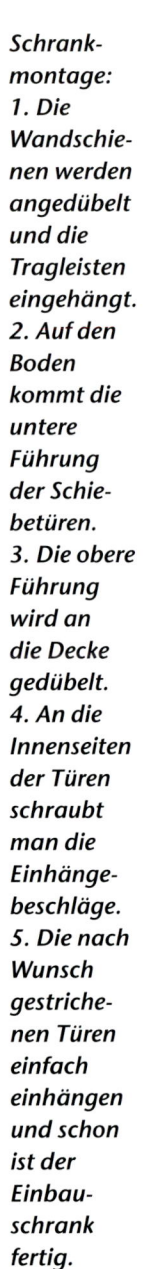

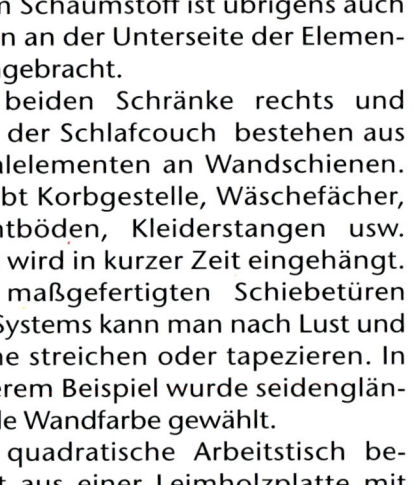

Links:
Eine Leimholzplatte mit Metallbeinen bildet den Arbeitstisch.

Rechts:
Das Regalsystem kann mit den verschiedensten Zusatzteilen ausgestattet werden: vom herausziehbaren Wäschekorb bis hin zur Kleiderstange.

Alles cool und zweckmäßig

Einbauschränke übereck und ein Computer-Arbeitsplatz bestimmen hier das Bild

Die breite Schlafcouch hat im Apartment des jungen Auszubildenden keinen festen Platz. Mal steht sie mitten im Raum, mal muss sie sich klein machen, weil zum Beispiel eine Fahrradreparatur angesagt ist. Wände und Decke sind mit Prägetapete beklebt und in verschiedenen Weißtönen gestrichen. Auf dem Boden findet sich Fertigparkett mit Ahorn-Echtholzfurnier. Den Belag gibt es verlegefertig mit Hartwachs behandelt oder auch mit Lack versiegelt.

Ausgeklappt bietet das Schlafsofa eine breite Liegefläche. Da kann man auch tagsüber relaxen.

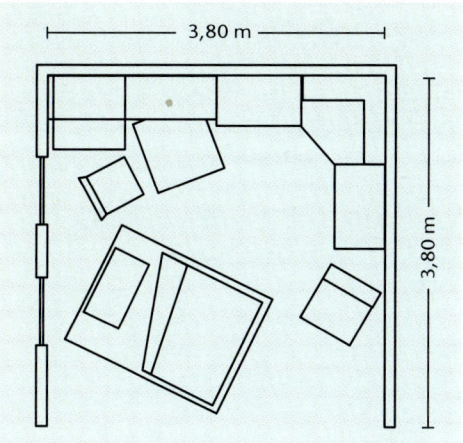

*Parkettverlegung:
1. Die ersten drei Reihen werden erst lose ausgelegt. Distanzkeile halten Abstand zu den Wänden. Dann verleimt man die Elemente in Nut und Feder.
2. Überschüssigen Leim mit dem Kunststoffspachtel abnehmen und feucht abwischen.
3. Fugen am Rand lassen sich mit Fugenfüller kaschieren.*

Zwei übereck platzierte Einbauschränke – mit den gleichen Systemelementen aufgebaut wie auf den vorhergehenden Seiten – bieten Platz für Klamotten. Eine deckenhohe Jalousie trennt die Nische zwischen den Schränken ab. So entsteht in der Ecke eine geräumige „Abstellkammer". Über dem Arbeitsplatz bieten Regalborde an Wandschienen reichlich Abstellfläche für Bücher und Ordner. Sogar der Computerbildschirm ist dort untergebracht. So hat der Monitor genau die richtige Entfernung für augenschonendes Arbeiten. Holzleisten verdecken die Schnittkanten der Regalböden.

APARTMENTS

Rechts: Die Regalböden in der „Abstellkammer" werden mit Leim und Holzdübeln übereck verbunden. Hinter der Jalousie gibt es reichlich Stauraum.

APARTMENTS

APARTMENTS

Gemütlichkeit wird groß geschrieben

Viel Holz, ein Fußboden aus Kork und naturfarbene Stoffe bestimmen die Atmosphäre

Hinter den naturfarbenen Vorhängen im Hintergrund verbirgt sich ein Einbauschrank.

Die Wände wurden in diesem Beispiel mit der so genannten Wischtechnik bearbeitet. Voraussetzung dafür ist ein einfarbiger, seidenglänzend gestrichener Untergrund (z. B. Raufaser). Mit einem Schwamm oder mit einem Spezialhandschuh wird dann eine halbtransparente Effektfarbe verteilt.
Wie die Oberfläche aussieht, hängt von der Auftragsstärke und den individuellen Wischbewegungen ab. Am besten testet man zunächst auf einer Probefläche.

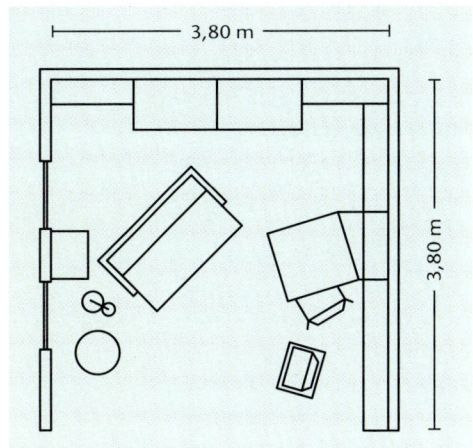

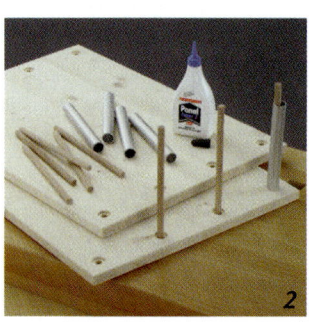

Der Kleiderschrank verbirgt sich in diesem Apartment nicht hinter Schiebetüren, sondern wird durch einen rustikalen Vorhang verdeckt. Sein Innenleben besteht aber wieder aus dem bereits bekannten Schienensystem mit darin eingehängten Aufbewahrungselementen. Über dem schräg in den Raum hineinragenden Schreibtisch gibt es offene Regalböden. Bei Bedarf wird ein zweiter Tisch angebaut, sodass eine gemütliche Tafel für Gäste entsteht.
Der Fernseher ist dank eines Beistelltischchens auf Rollen mobil. Das praktische Teil hat man schnell aus Platten und Alu-Rohren gebaut.

APARTMENTS

So wird der Fernsehtisch gebaut:
1. Acht Dübelstangen von 8 mm Durchmesser bilden die Verbindung der beiden Leimholzplatten. Die obere Platte wird 5 mm tief angebohrt, die untere jeweils ganz durchbohrt.
2. Man leimt die Dübelstangen ein und steckt Alurohre von 20 mm Durchmesser darüber.
3. Unten werden die Überstände der Stangen abgesägt. Zuletzt schraubt man vier Rollen darunter.

Wischtechnik: Die mit seidenglänzender Farbe grundierte Wand wird mit Effektfarbe behandelt, die man mit einem Schwamm (1) oder oder einem Spezialhandschuh (2) in Wischbewegungen aufträgt.

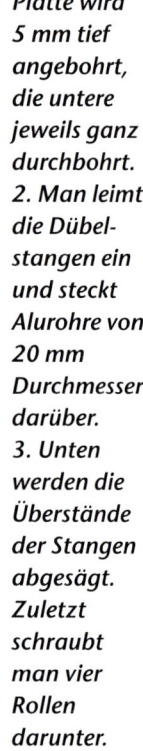

Bei Bedarf wird der Schreibtisch durch einen zweiten Tisch ergänzt, sodass ein gemütlicher Essplatz entsteht.

Behaglichkeit unter schrägen Decken

Als Abstellfläche viel zu schade: Durch geschickte Einrichtung erhalten Räume unter dem Dach eine ganz besondere Atmosphäre

B evor es die heute üblichen Dämmstoffe gab, waren Dachzimmer als Wohnräume verpönt: im Sommer zu heiß, im Winter zu kalt. Mit der richtigen Dämmtechnik machen Sie Ihr Dachgeschoss jedoch zu vollwertigen Wohnräumen.

Die schrägen Decken haben sogar ihren besonderen Reiz: Sie vermitteln Behaglichkeit.

Die Einrichtung muss natürlich den speziellen Gegebenheiten angepasst werden. Große Schränke oder Regale haben nur an den Giebelwänden Platz. Hier z. B. hat man Regalelemente in abgestuften Höhen gewählt. Wo die Schrägen keine Stehhöhe mehr bieten, stellt man Sitz- oder Schlafmöbel auf.

Hinter den Sitzmöbeln wurden selbst gebaute Wände aufgestellt. Zur Schräge hin haben sie Querböden, die als Abstellflächen dienen.

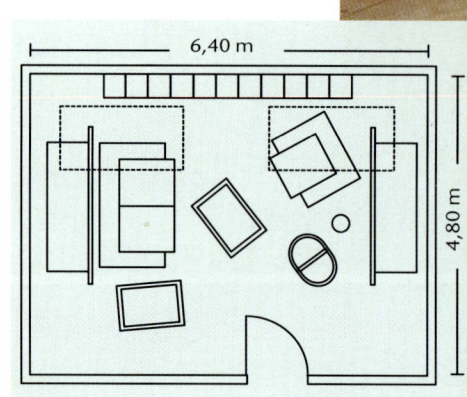

Wohnzimmer mit Arbeitsnische

Wie man hier sieht, müssen die Balken des Dachstuhls nicht unbedingt verkleidet werden

In Altbauten findet man häufig Dachstühle mit frei stehenden Stützbalken und sichtbaren Trägern. An einen Ausbau zu Wohnzwecken hatte man nicht gedacht.

Solche Konstruktionen können durchaus sehr attraktiv wirken und lassen sich in die Gestaltung integrieren. Hier wurde entlang des linken Querträgers eine Arbeitsnische durch ein Regal abgetrennt. Der Zugang zur Nische lässt sich durch eine Schiebetür verschließen. Am Schreibtisch unter dem Dachfenster hat man optimales Licht.

Ein lichtes Blau an den Wänden und Schrägen gibt dem Dachzimmer Weite. Die weiß gestrichenen Balken wirken ausgesprochen dekorativ.

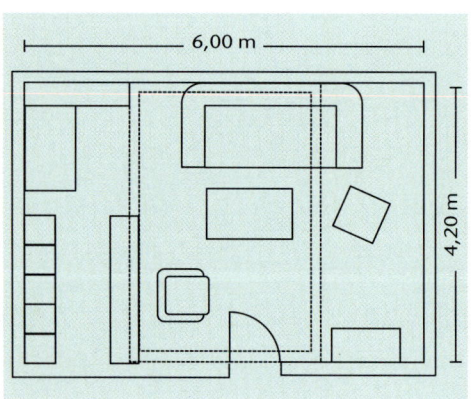

WOHNEN UNTERM DACH

Essplatz mit Blick zum Garten

Rustikal, aber dennoch hell und freundlich: Die Holzverkleidung wurde weiß lasiert

Je kleiner ein Dachzimmer ist, desto heller müssen die Bekleidungen der Schrägen sein. Das Gleiche gilt für den Bodenbelag.

Profilbretter als Verkleidung der Dachsparren haben den Nachteil mit der Zeit nachzudunkeln und den Raum optisch zu verkleinern. Wer auf den rustikalen Charakter der Bretter nicht verzichten möchte, sollte sie daher weiß lasieren. Eine Dachgaube mit bodentiefen Fenstern öffnet hier den Blick ins Freie auf den Garten. Die Möblierung ist angesichts der geringen Grundfläche sparsam. Die aus Leimholz selbst gebauten Winkelborde unterhalb der Schrägen bieten rundum nützliche Abstellflächen.

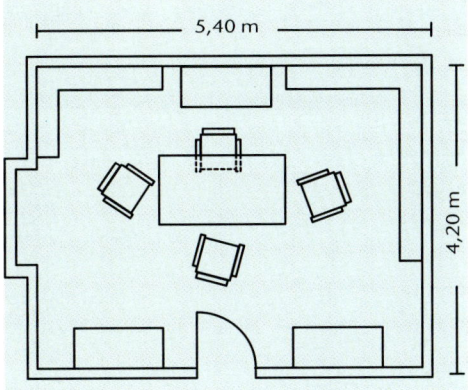

WOHNEN UNTERM DACH

Schlafzimmer mit Einbauschränken

Hinter Schiebetüren aus satiniertem Glas verbergen sich Regale und tiefe Schrankfächer

Wenn Ihnen Möbelfronten aus Holz oder Kunststoff zu langweilig sind, dann wählen Sie doch Glas. Satinierte Scheiben wirken ausgesprochen edel und passen ideal zu einer kühlen und sachlichen Einrichtung.

Der hier präsentierte Raum dient als Gästezimmer und als Ausweichzone.

Das Schiebetürsystem kann von einem geschickten Heimwerker selbst montiert werden. Die Glastüren werden auf Maß gefertigt. Die Regale und Borde werden fertig gekauft.

In der Schräge sowie am Boden montiert man die Schienen des Schiebetürsystems. Dahinter verbergen sich einfache Spanplatten-Regale.

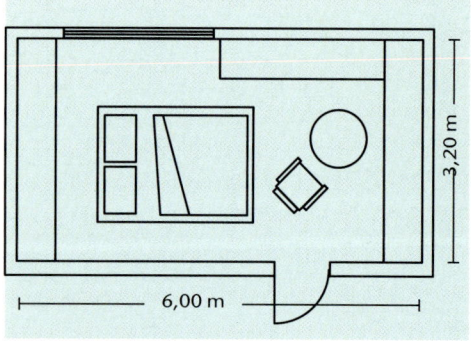

WOHNEN UNTERM DACH

WOHNEN UNTERM DACH

Begehbarer Kleiderschrank in der Schräge

Für eine optimale Nutzung des Platzangebots im Dachgeschoss gibt es variable Systeme

H inter einer auf Maß gebauten Trennwand aus weißen Paneelen sind Kleider, Schuhe und Wäsche in einem begehbaren Schrank untergebracht.

Das Regalsystem aus freundlichem Buchenholz wurde exakt an die Schräge angepasst, um den Stauraum bis in den letzten Winkel zu nutzen.

Auch Schränke mit Türen lassen sich in eine Dachschräge einbauen. Die Anbieter hochwertige Systemeinrichtungen liefern in der Regel auch individuelle Sonderanfertigungen.

Der begehbare Kleiderschrank hinter der Paneelwand bietet Stauraum in Maßanfertigung.

Schränke in der Schräge

Einbaumöbel fürs Dachgeschoss selbst zuschneiden und einpassen

D ie hier verwendeten Systemmöbel sind die gleichen, die man für einen Raum mit senkrechten Wänden verwenden würde. Um die Schrankseiten exakt abschrägen zu können, wurde zunächst aus Latten eine Schablone gebaut, mit deren Hilfe man den Winkel der Schrägen gradgenau übertragen kann. Dann ging es ans Zuschneiden der Teile. Da die hinteren Kanten nicht sichtbar sind, kann man hier durchaus mit der Stichsäge arbeiten, die bei längeren Schnitten allerdings nicht sehr sauber arbeitet. Wer es ganz genau haben will, verwendet hier besser eine Handkreissäge mit Führungsschiene.
Die Deckplatten der Einbauschränke wurden mit Hilfe eines Parallelanreißers genau an die Schräge angepasst. Dies war erforderlich, weil die Schräge beim Ausmessen doch einige „Wellen" aufwies. Den Spalt zur Wand kann man mit weißer Acrylmasse kaschieren.

Rechts: Das Dachgeschoss vor und nach der Montage der Schränke. Die Elemente in der Mitte dienen als Raumteiler.

Ob mit Schiebetüren (oben) oder als offene Regale (unten) – die praktischen Einbaumöbel nutzen den Raum unter den Dachschrägen optimal aus.

WOHNEN UNTERM DACH

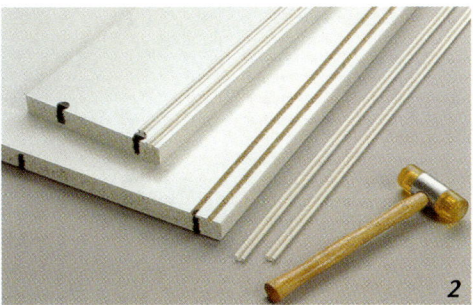

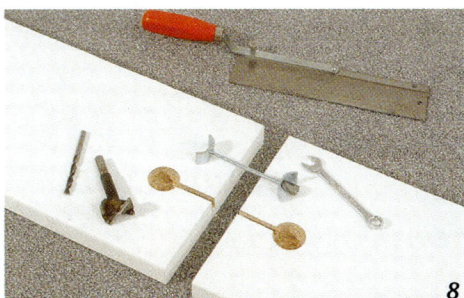
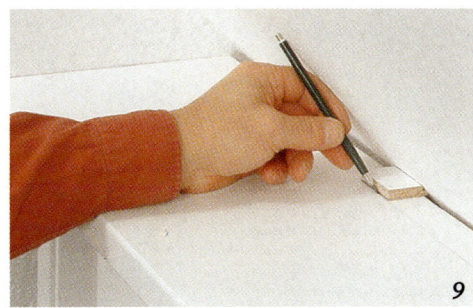

1. Um die Schrankseiten individuell anpassen zu können, wird eine Schablone gebaut.
2. Entsprechend den ermittelten Maßen kann man dann die Teile zusägen.
3. Die unteren und oberen Böden haben eingefräste Nuten für die Laufprofile der Schiebetürbeschläge.
4. Die Böden werden mit Verbindungsbeschlägen eingesetzt.
5. So baut man die Schränke unter der Schräge zusammen.
6. Die Schiebetürenbeschläge kommen in die Laufleisten. Dann kann man die Türen einsetzen.
7. Die Deckplatte wird aus Einzelstücken mittels Verbindungsbeschlägen zusammengefügt.
8. Man legt die Platte parallel zur Schrankfront auf.
9. Der Parallelanreißer hilft beim Anpassen an die Schräge.
10. Das Ergebnis der Maßarbeit kann sich sehen lassen.

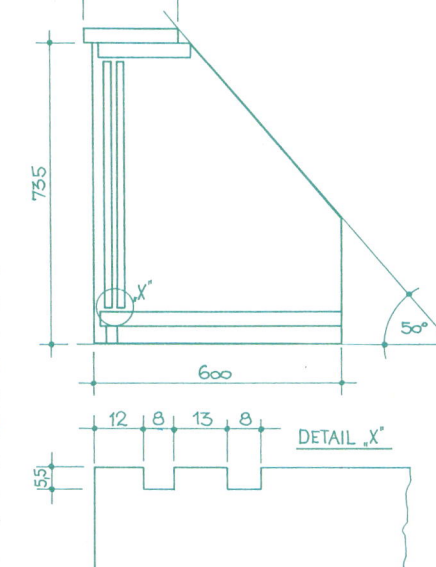

Der eingepasste Systemschrank im Querschnitt: Das Detail „X" zeigt die Führungsnuten für die Schiebetüren.

WOHNEN UNTERM DACH

Computerarbeitsplatz im Schrank

Diagonal angeordnete Sitzmöbel und eine Schrankwand mit integriertem Arbeitsplatz – Flexibilität heißt hier die Devise

Warum müssen Möbel eigentlich immer an der Wand stehen? In diesem Wohnzimmer von nur knapp 18 m² wurde die Sitzgarnitur diagonal in den Raum gestellt, weil sie nur so hineinpasste. Die Schrankwand mit platzsparenden Klapptüren und klarer Gliederung der Regalflächen bildet dazu den ruhenden Gegenpol. Gleichzeitig setzt sie einen Kontrapunkt zur mit üppigem Stuck verzierten Altbaudecke.
Hinter den Schranktüren verbirgt sich ein kompletter Computerarbeitsplatz. Wenn man den Rollcontainer herauszieht, hat man die nötige Beinfreiheit und gleichzeitig eine zusätzliche Abstellfläche.
Die Schreibplatte wird mit einem Griff herausgezogen. Sie kann für Computertastatur und Maus genutzt werden.

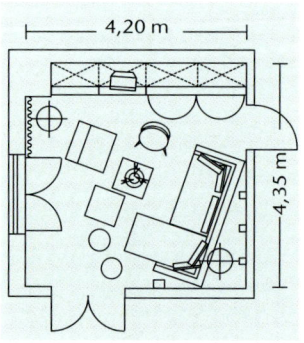

Die Schranktüren werden zur Seite gefaltet, der Rollcontainer vorgezogen und schon hat man einen geräumigen Arbeitsplatz.

Die dreieckigen Container passen genau unter die Schräge. Vier Rollen sorgen für die nötige Mobilität.

Bürocontainer in der Schräge

Wo gearbeitet wird, braucht man Platz für Bücher, Ordner und vieles mehr

Die Stellfläche für einen kleinen Schreibtisch ist oft schnell gefunden, doch was ist mit den Unterlagen und Utensilien, die man regelmäßig am Arbeitsplatz braucht?

Rollcontainer sind ideal fürs Büro zu Hause. Man zieht sie bei Bedarf aus ihrer Nische heraus und hat Zugriff auf das jeweils Gewünschte.

Im Dachgeschoss bietet es sich an, die Rollcontainer in der Schräge verschwinden zu lassen. So nutzt man das Platzangebot optimal.

Unsere Container sind aus 19 mm dicker Spanplatte selbst auf Maß gebaut. Ihre Dimensionen richten sich nach den jeweiligen Gegebenheiten.

Wenn Sie unbeschichtete Spanplatten verwenden, können Sie die Teile direkt miteinander verschrauben.

Kanten und Schraublöcher müssen gespachtelt und sauber geschliffen werden, ehe man die Container lackiert.

WOHNEN UND ARBEITEN

Das Büro in der Nische

Wohnen, Schlafen und Arbeiten – drei Funktionen auf nur 14 m². Ein kleines Wunder!

O bwohl das zu einem Doppelbett ausklappbare Schlafsofa mit seinen 195 x 100 cm recht groß ist, wirkt der Raum nicht vollgepackt.
Das liegt daran, dass sich die übrigen Möbel klein machen bzw. in einer Nische hinter zwei raumhohen Schiebetüren verschwinden.
In der Nische wurden quer liegende Wandpaneele angebracht, in die sich Borde und Arbeitsflächen einhängen lassen. Die Aufteilung ist variabel und kann immer wieder verändert oder ergänzt werden.
Die Schiebetüren bestehen aus transluzenter Folie, die durch quer aufgeklebte Aluprofile

Sind die Schiebetüren aus stabiler Folie zur Seite gezogen, wird der Blick auf den Arbeitsplatz und den Fernseher freigegeben.

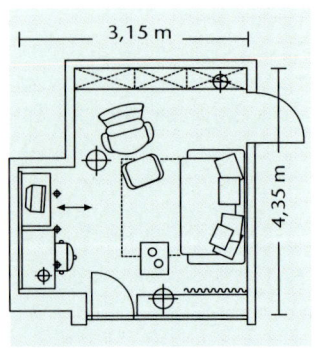

WOHNEN UND ARBEITEN

WOHNEN UND ARBEITEN

Rechts: Das Highboard mit Schiebetüren ist nur 40 cm tief. Bei Bedarf wird der Schalensessel zum Fernseher in der Nische herumgedreht. Unten: Auf dem Schlafsofa ist sogar Platz für zwei.

beschwert und gleichzeitig stabilisiert wird. Die an der Paneelwand hängende und durch zwei Streben verstärkte Arbeitsplatte aus Metall misst 98 x 55 cm. Genug für eine Schreibmaschine oder ein Laptop. Wird der rechts neben der Arbeitsplatte stehende Rolltisch mit dem Fernseher ausquartiert, kann unser Mini-Büro auf doppelte Größe gebracht werden. Für ausreichendes Licht sorgen neben der Schreibtischlampe drei Deckenleuchten.

WOHNEN UND ARBEITEN

IMPRESSUM

© Naumann & Göbel Verlagsgesellschaft mbH
in der VEMAG Verlags- und
Medien Aktiengesellschaft, Köln

Umschlagsmotive:
PicturePress, Hamburg

Gesamtherstellung:
Naumann & Göbel Verlagsgesellschaft mbH, Köln

Alle Rechte vorbehalten

ISBN 3-625-11511-5

Bildquellen:

Ikea Deutschland:
S. 26, S. 27 o., S. 34 (Zeichnung)
Pressebüro Bastian, Brühl:
S. 53
pro-art,
E. Wähning GmbH, Emsdetten:
S. 34
Redaktion „Selbst ist der Mann",
Köln:
S. 40-45, S. 60-63, S. 86-87
Redaktion „Selbst ist der Mann",
Köln, (www.selbst.de) sowie
Metylan (www.metylan.de),
Pattex (www.pattex.de),
Ponal (www.ponal.de),
elfa (www.elfa.com),
Erfurt (www.erfurt.com),
Osmo (www.osmo.de),
Consolan (www.consolan.de),
ICI Dulux (www.dulux.de):
S. 64-75
Verband der
dänischen Möbelindustrie:
S. 27 u.

Alle anderen Abbildungen:
PicturePress, Hamburg